100 SEMILLAS PARA TI, COLEGA PSICÓLOGO

LIC. PSIC. JUAN CARLOS MARTÍNEZ BERNAL

100 Semillas Para Ti, Colega Psicólogo.
Editorial Independiente.
Distribución: Amazon.
México, enero de 2020.
https://bernal27.blogspot.com
www.facebook.com/bernal27
bernal27000@hotmail.com

DEDICATORIA

Para ti, que aceptas leer estas semillas

CONTENIDO

LAS 100 SEMILLAS

LA PRESENTACIÓN

1- ¿CUÁL ES TU PORTADA?

De los libros y e-libros, muchos coinciden en que la calidad de su portada contiene un buen porcentaje del éxito que tendrá en el público que la observe, para interesarse o no en leerlo o comprarlo, independientemente de la calidad de su contenido.

Nos tratan como nos ven. Yo lo he experimentado en carne propia, desgraciadamente es así. La fachada que mostremos a los demás impactará de tal o cual manera que se reflejará en la interacción que tengan hacia nosotros. Voltea a ver a esos estudiantes o egresados de Psicología que saben cómo vestirse, como vender su imagen, cómo cuidan su higiene, su pulcritud, su forma de relacionarse con la gente.

Yo soy de los que desdeñaba mi imagen y mi vestimenta. Recibí rechazos y desconsideraciones, a pesar de lo que traía en mi cerebro y en la experiencia. La apariencia cuenta, hay que impactar, captar la atención, sabernos vender como psicólogos y saber vender lo que sabemos hacer. Ser concientes del olor que desprendemos, la formalidad con la que vestimos, la imagen de nuestro cubículo o consultorio. En mis primeros años de egresado en esta carrera, varias personas me dijeron que yo era como algunos artistas o deportistas, que ocupaba de un representante para vender mi talento; aunque no llegué a tanto de contratar a uno, he aprendido a mejorar en estos aspectos, aprendiendo de mis errores, a veces vergonzosos, que te transmito a ti, para que no te pase, o te pase menos veces que a mí. ¿En este momento cuál es tu portada, es la que quieres mostrar o la puedes mejorar?

2- SEREMOS UN REFERENTE

No se te olvide que estamos en la mira de la gente. Te guste o no, el ser psicólogo te vuelve un referente, lo que hagas será visto y comentado. Así que ten cuidado de ante quién o dónde exteriorizas tus defectos.

En ocasiones seremos líderes, ejemplo a seguir, nos mirarán y checarán frecuentemente por la etiqueta de la profesión, nos consultarán a veces en lugares inapropiados. Otras veces seremos facilitadores, acompañantes, instructores, docentes, escuchas, observadores, críticos, etcétera. No solamente esperen formarse en el edificio, hay que hacerlo también en la calle, en la familia, en la comunidad, afrontando los retos cotidianos, observar a las personas, aprender de otros psicólogos exitosos, así como extraer lo bueno de lo malo.

3- RAPPORT POCO CONVENCIONAL

Pocos usan en el rapport la igualación de la respiración, el reflejo cruzado, el trance conversacional entremezclado, el anclaje avanzado. Ve más allá de lo básico, navega hacia lo avanzado.

Dice Richard Bandler que además de igualar hay que proponer el ritmo de a dónde queremos que nos iguales, para comprobar que hay sintonía en el rapport y que podemos llevar la batuta.

Hay que usar diferentes o más creativos a los ya trillados sobre el calor o el frío que hace.

4- SANIDAD FÍSICA Y MENTAL

Mente sana, corazón limpio y cuerpo saludable, para ofrecer un mejor servicio en nuestras consultas, para fluir, intuir, crear y vaciarnos.

Mientras más avanzo en lo sano: comidas, nutrientes, meditación, espiritualidad, ejercicio...más avanzo en despejar mi mente, en ser más creativo, en fluir para escribir, en facilitar sesiones, en inspirarme para mil cosas.

Cuando hablo de lo sano no me refiero al ‹plato del buen comer’, me refiero a productos y elementos alternativos que en mí han marcado un antes y un después: aceite de coco, miel, agua con electrolitos, magnesio, melanina, melatonina, bicarbonato de sodio, sal de mar, limón, semillas, brócoli, etcétera.

Actualmente se ha superado el dualismo mente-cuerpo, ya se sabe que somos una unidad holística, la mente afecta al cuerpo, y viceversa.

5- MATERIALISTA

Ser «superficial» y materialista durante algunos minutos al día no te hace un villano, te permite experimentar tu lado oscuro, tu sombra, explórala.

Yo no soy monje, gurú ni lama, soy humano urbano. Cuando fui estudiante de Psicología me divertí con lo «mundano»: jugar fútbol, platicar con mis compañeros y compañeras de salón o de la Facultad, tener noviazgo, asistir a convivios, bares, etcétera. Para forjarnos como un humano completo hay que conocer nuestra luz y nuestra sombra, experimentando lo que se vaya presentando. Aunque no recomiendo las drogas legales o ilegales, y es obvio que evites meterte en problemas legales con tu «libertad», no perturbando o dañando a otros.

6- LOS EGOS DE LOS PSICÓLOGOS

Quien esté libre de egos que arroje una única piedra en el espejo. Todo psicólogo ha tenido y seguirá teniendo egos, defectos, errores, «detalles». Se trata de irlos desactivando, de ir creciendo como persona, de evolucionar junto con nuestras cualidades.

Uno de los defectos más comunes entre los psicólogos es la envidia, a través de una competitividad exagerada, que llega al egoísmo, a la calumnia, a la enemistad. En la comunidad de psicólogos es común la crítica hacia un colega, a veces infundada, a veces con malicia. Y como en todo, hay afinidades y desacuerdos, por estilos de ser, por enfoques usados, por pertenecer a tal o cual universidad, por tener o no tener cierto posgrado, en fin, no es fácil encontrar amistades de psicólogos fuera de los compañeros de generación que te conocen tal como eres.

Alguien a quien yo le había enseñado algo luego alegó que había aprendido por sí mismo. Es cierto, aunque mi ego se ofuscó.

FORMACIÓN DEL PSICÓLOGO

7- CONSTRUCCIÓN DEL SER PSICÓLOGO (COMO PERSONA Y ESTUDIANTE)

Todo lo que hagas como estudiante te forjará y quedará grabado en tus compañeros/as. Algunos hemos sido celotípicos de las críticas de colegas a quienes los conociste en formación inmaduros y años después crees que siguen así igual.

Durante la formación de la carrera de Licenciado en Psicología, existen espacios para desarrollarnos como personas. Por ejemplo, en mi caso, el fútbol me ayudó bastante a canalizar el estrés, a reforzar disciplina, compañerismo, equipo, liderazgo (fui capitán del equipo varios años), trabajar lo motriz, la motivación y la capacidad de observación de detalles en el desempeño mental y físico de otros jugadores.

Algo más que nos forma como personas es la manera en que estudiamos, si tenemos o no los recursos económicos para solventar la carrera. Conocí a quienes tuvieron que trabajar durante la carrera. Otros, como yo, estuvimos muy limitados y con grandes sacrificios económicos de nuestra familia. Me di cuenta de que la mayoría de los que venían de otros municipios o estados estaban muy motivados o disciplinados para estudiar la Psicología.

8- EL EDIFICIO Y LO DEMÁS EN ALGO FACILITA TU APRENDIZAJE, Y AÚN ASÍ TÚ MARCARÁS TU DIFERENCIA

Durante 8 ó 9 semestres los estudiantes de mi generación no tuvimos la oportunidad de contar con el Auditorio de usos múltiples o con el actual edificio.

Y los posteriores laboratorios que se han construido y equipado pues ya no tuvimos el momento histórico de aprender en ellos.

Mi reflexión es que más allá de lo existente en una Escuela o Facultad, cada estudiante marcará su propia diferencia y su propia suma. Está el caso de las bibliotecas, las aprovecha quien así lo quiere. No me arrepiento de haber estudiado en las condiciones que tuve, gracias a eso soy así ahora.

9- CUALQUIER DOCENTE TENDRÁ DEFECTOS PORQUE SON HUMANOS

"Un verdadero Maestro tiene muchos defectos. Un falso Maestro no tiene ninguno." Alejandro Jodorowsky.

De los 25 docentes que me dieron clases en la Facultad de Psicología, no hubo uno que no tuviera defectos, y también, no faltó quien no tuviera virtudes.

Por lo que prefiero quedarme con sus virtudes como referencia a modelar, mientras que de sus errores, omisiones o defectos de carácter me sirven para no repetir eso.

No será casualidad que tu personalidad tendrá que ver en el enfoque psicológico que te guste más o con el que te sientas más cómodo. La manera en como vemos la vida se relaciona con las corrientes o autores que nos impactan.

Y a final de cuentas, irás formando un estilo personal de reflexionar y de practicar la Psicología, poco a poco dejando de lado a los autores y las teorías, para aplicar lo plural, también dependiendo obviamente de ante qué persona tenemos como consultante.

10- LOS DEFECTOS DE LOS MAESTROS

No distraerse con los defectos y errores de los maestros; concentrarse en el aprendizaje y trascender lo que en ellos proyectamos. Y también me estoy refiriendo a los maestros que no son docentes, es decir, a nuestros guías religiosos, familiares, amistosos o de otro tipo.

Habrá maestros materialistas, soberbios, ineptos, espirituales, sabios, incompatibles con nuestro carácter, sociales, groseros. Cada defecto que detectemos en un maestro tendrá un efecto en nuestra personalidad. Lo que me choca me checa y lo tengo que descubrir más temprano que tarde. Aprendemos de las cualidades y de los defectos de los maestros, no solamente de los conocimientos que transmiten.

En una ocasión, mientras nos impartía clase un Psiquiatra ocurrió un fuerte sismo (1995), entonces el docente se quedó paralizado unos segundos, luego empezó a decir: «muchachos, guarden la calma, no vayan a correr, no se amontonen...», se volvió a quedar callado unos segundos y echó a correr, ¿qué pasó? que a este profe le había tocado experimentar el terremoto de 1985 en el Distrito Federal, y su reacción actual fue reactiva, no pensada.

11- MATERIALES Y COPIAS EN PSICOLOGÍA

Este tema genera controversia a nivel oficial y legal. Sin embargo, en la realidad que yo viví como estudiante, allá en la década de 1990, por la falta de recursos económicos o la imposibilidad de adquisición de libros, la inmensa mayoría de mis compañer@s de generación, incluyendo docentes, recurrimos a estudiar en fotocopias de libros. No nos tocó tener acceso a Internet. Actualmente, sé por versiones de diferentes estudiantes de varias universidades que las fotocopias y las copias electrónicas de libros están en boga desde que se sabe. Es un hecho que es algo ilegal, aunque parece ya imparable esto en las redes sociales. Yo lo dejo a una decisión ética, moral y legal de cada persona. De mi parte, como psicólogo egresado he comprado bastantes libros originales en físico y electrónicos, aunque también no han faltado algunos intercambios con algunos colegas. Siempre será mejor el libro o el test original. Y el que esté libre de pecado que arroje el primer libro.

12- ¿HAY PSICÓLOGOS TÍMIDOS O RAROS?

Hay de muchas personalidades. Yo, por ejemplo, me considero tímido. Hay psicólogos muy extrovertidos, los hay viajeros, fumadores, promiscuos, fiesteros, esotéricos, religiosos, ateos, algunos terminaron trabajando en puestos que no son de Psicología. Hay quienes son extravagantes, ricos, pobres, excéntricos, mundanos, activistas, conformistas, etcétera, o sea, hay de todo tipo. Más allá de la personalidad que tenga alguien en la Psicología, se trata de que muestre capacidad al momento de entrevistar, aplicar tests o desempeñarse en su puesto o consultorio. Y sí, algunas características de personalidad ayudarán o limitarán su labor, la obtención de un puesto, o el prestigio.

13- LAS CALIFICACIONES EN LAS MATERIAS

Ya quisiera yo haber conocido y practicado las técnicas de super-aprendizaje y supermemoria en mi época de estudiante de primaria, secundaria o en grados superiores. Y conste que fui alumno que conquistó los primeros lugares de rendimiento en diversas materias escolares, a nivel salón, escuela, municipio y estado. En la excelencia académica encontré: intelecto vano, fracaso social, memoria infiel, soberbia, desilusión y aprendí a no repetir esa trampa, esa trampa surgida de mi interrelación con un difícil entorno familiar, económico y emocional.

De ninguna manera estoy desmotivando a los alumnos a que saquen el 10 de calificación o que tengan una memoria de campeonato. Mi mensaje es que después de memorizar sigue la comprensión, después de la comprensión continúa el aprendizaje significativo y lo práctico, luego viene el compartir los conocimientos, enseñando a los que no saben. Después de varios años con mentalidad competitiva egoica, me di cuenta que existía mucho egoísmo de los que sabían más y no compartían su sabiduría, así que ahí me nació el enseñar a los que menos saben, a través de la docencia y también de la asesoría informal. Estando estudiando dos semestres en una Carrera de Ingeniería Química fue donde me empezaron a buscar compañer@s alumn@s para que les explicara diversas materias de Física, Estadística y Química.

Ah, y el famoso número, esa abstracción calificativa que toma significado cuando te esclaviza para una mantener una beca o ingresar en alguna universidad. Se vale que alguien tenga la meta de estudiar en otro país o de obtener una beca. Lo que no se vale es que se crea que una calificación de 10 te garantiza un trabajo o el triunfo en el mundo laboral. He conocido varios casos que demuestran lo que digo.

¿Qué siento ahora yo a muchos años de distancia de haber obtenido dieces y haber ganado concursos académicos? Que fácilmente podemos autoengañarnos…eso no es la vida, no es la práctica, no es el trabajo…es una burbuja que puede aislarnos de lo social, de los placeres de la edad, y que revienta en cualquier momento.

Recuerdo que en mi época de estudiante en la Facultad de Psicología para ese entonces ya no me aferraba a sacar 10 en los exámenes, lo que me relajaba en algo la presión de esa meta. Y lo curioso es que aunque mis calificaciones variaban entre sietes y uno que otro diez (sin ser de los primeros 3 «aplicados» delsalón) muchos de los compañeros y compañeras acudían conmigo a que les explicara temas de varias materias, porque se los explicaba de manera didáctica y a veces hasta con ejemplos de la vida real. Tuve una docente (Maestra Gestalt en ese entonces) que nos decía: «Tu calificación va a ser la que tú elijas», la mayoría elegía 10, yo elegía otros números diferentes, y luego entendí que eso era acorde a lo que me autoestimaba y creía merecer.

14- SERVICIO SOCIAL Y PRÁCTICAS PROFESIONALES

Aquí tenemos dos espacios importantísimos para darnos a conocer y para ensayar lo que hemos aprendido en nuestra formación como psicólogos. No esperes perfección, aunque te digan que no se vale equivocarse. Es el momento para evolucionar de lo teórico a lo práctico, siendo una mayor responsabilidad.

Hay estudiantes que se molestan porque a veces los ponen a realizar actividades ajenas a la Psicología, como realizar fotocopias, comprar cosas, entre otras encomiendas. Sugiero tengas humildad y apertura ante estos inconvenientes temporales, tira la soberbia al drenaje y experimenta la oportunidad que te están dando.

Recuerdo que a mí me sucedió que esstando en cierta Institución empecé a criticar, junto con otro estudiante de Psicología, a las autoridades de donde estábamos realizando nuestras prácticas profesionales, fue un error; ellos no nos expulsaron pero sí nos delegaron una actividad para la cual no estábamos preparados y quedamos en ridículo. Moraleja: en casa ajena hay que respetar a los que habitan esa casa, porque nosotros vamos de paso.

15- SOMOS AGENTES DE CAMBIO

Los psicólogos somos agentes de cambio, con un potencial de liderazgo emergente que nos toca decidir si ejercemos o no. Somos un modelo a seguir, somos personas según estables, que saben manejar sus emociones y que han superado sus traumas, ¿es así contigo?

Hacen falta psicólogos activistas, que funden asociaciones, que cuestionen el Sistema imperante, la Sociedad en que vivimos y las limitaciones del paradigma actual de la Ciencia psicológica.

16- POR QUÉ VER TALK SHOWS

Como entretenimiento y como entrenamiento, vale la pena ver de vez en cuando los talk shows, como por ejemplo ‹Caso Cerrado', ‹Laura de América', ‹La Corte del Pueblo', entre otros, donde presentan casos que, a veces son reales, a veces actuados. Lo cierto es que, como psicólogos, también podemos aprender de las interacciones entre los participantes, que exponen casos cotidianos de problemas entre familiares, parejas o vecinos.

17- EL ESTUDIANTE DE PSICOLOGÍA INTELECTUAL Y EL ESTUDIANTE DE PSICOLOGÍA INTEGRAL

El estudiante intelectual es el académico, el formado como entrevistador, como investigador de lo puramente Oficial y aceptado por la Ciencia. El intelectual es que desdeña lo emocional y el trabajar en terapia sus propios problemas.

El intelectual es el que colecciona autores y teorías, técnicas y Congresos, libros y debates por conceptos. El estudiante intelectual se burla y combate los enfoques fenomenológicos y las terapias energéticas, porque no las ha vivido y no las comprende, porque le han dicho en su Escuela que son disparates, sin embargo, no se ha atrevido a experimentarlas o a sacar provecho y trabajar para sus propios conflictos. Ausencia de lo corporal, emocional y transpersonal. Esto que se adquiere fuera de la Facultad, que se experimenta y no se deletrea, que a veces se necesitan posgrados para sonrojarnos de lo chiquito que éramos.

El estudiante integral sabe que la formación intelectual es importante hasta cierto punto, después del cual sigue la mente abierta, que se abre a las posibilidades de cualquier cosa que influya en la mente y en el comportamiento, incluso cuando vaya más allá de lo científico. El estudiante integral es el que trabaja en terapia sus problemas familiares y personales. Es quien no se conforma con lo adquirido en la Escuela y va más allá de eso, por ejemplo, sabe y se guía también con la intuición y sus creencias espirituales, integrándolas.

Busca formaciones extra-oficiales, por ejemplo, siendo estudiante y aún de egresado, he practicado meditación, yoga, PNL, etc.

18- EL ENFOQUE PSICOLÓGICO MÁS ÚTIL

Me pregunta un estudiante de Psicología: "¿Cómo saber cuál enfoque psicológico de tantos es útil?" // Respondo: Experiméntalo en ti. Influye el estilo personal de vivir...
Cada psicólogo hablará maravillas del enfoque que maneje, hay que respetar a todos, tanto psicólogos como enfoques.

19- DEPORTE Y PSICOLOGÍA

La selección de fútbol de la Facultad de Psicología a la que pertenecí me ayudó a cimentar mi autoestima, la mentalidad, el esfuerzo, el entrenamiento, la perseverancia, el remontar, el competir, el hacer equipo, el defender, el meter goles, el asistir a juntas con directivos de fútbol, me sirvió de entretenimiento, disciplina, pasión, capacidad, metas y etcétera. No comparto que fue pérdida de tiempo como pensaban algunos maestros y compañeras de grupo. Gracias a la confianza del Mtro. Julio fui capitán varios años, y hablaba más mi manera de jugar que mis palabras.

A principios de 2019, acudí en Manzanillo a la Escuela de Fútbol de los Pumas, mi hijo quiso conocer y experimentar. No le gustó, ni a mí. Lo que no me gustó es que el director y 2 de los 3 entrenadores son desatentos, me consta porque observé varios sucesos y detalles con niños futbolistas y con familiares de estos. En esas dos largas horas que estuve ahí, me puse a pensar qué me hubiera gustado recibir a mí si de niño hubiera ido a una escuela de este tipo. Se me vino a la mente la preparación en el aspecto psicológico, en el sentido de brindarles también (aparte de lo físico) un entrenamiento mental en aspectos de adquirir estado de seguridad (con anclajes PNL), superación de traumas que los bloqueen como futbolistas (destraumatizar con diversas técnicas), ayuda psicológica en problemas familiares que les influyan negativamente en su rendimiento deportivo, técnicas de relajación mental y corporal, técnicas para mantener confianza en ambientes hostiles, técnicas para fomentar armonía grupal, fortalecimiento mental de jugadores lesionados, etcétera.

De hecho, como parte de mi formación en la carrera de Psicología, en compañía de varios compañeros estudiantes hombres realizamos una intervención de varios meses en una escuela primaria en una colonia marginada de Colima. Allí pusimos en práctica lo que hasta ese momento sabíamos de psicología (fundamentos conductistas).

20- CONOCER EL CÓDIGO DE ÉTICA DEL PSICÓLOGO

Cada país tiene su propio Código Ético del Psicólogo. La APA en Estados Unidos, la Federación Europea de Asociaciones de Psicología, la Sociedad Mexicana de Psicología (SMP) en México, etcétera.

Con base en el propio código, entonces, hay que conseguirlo, estudiarlo y con él guiarnos en nuestro actuar.

Se lee en el Código de Ética del Psicólogo de México (SMP, 2007): «Los comportamientos a los que hace referencia el presente Código Ético se enmarcan bajo principios generales regidos por un precepto fundamental:

El psicólogo asume la responsabilidad de actuar, en el desempeño de sus actividades profesionales, académicas y científicas, bajo un criterio rector que es garantizar en todo momento el bienestar de todos aquellos individuos, grupos u organizaciones que requieran de sus servicios, dentro de los límites naturales de la práctica de la Psicología. Por lo tanto, se adhiere a los principios de:

A. Respeto a los Derechos y a la Dignidad de las Personas.

B. Cuidado Responsable.

C. Integridad en las Relaciones, y

D. Responsabilidad hacia la Sociedad y la Humanidad.

21- PARA TITULARME COMO PSICÓLOGO

Desde 1998 hasta agosto de 1999 me embarqué en lo que muy pocos habían hecho hasta ese momento en la Facultad de Psicología de la Universidad de Colima. Como se me facilitaba escribir poemas libres y algunos textos breves de vez en cuando decidí elegir titularme con un Ensayo.

Esta modalidad de titulación no me fue nada fácil realizarla. Primero, porque vaciar las palabras en el papel fue una labor paciente de muchos meses. Segundo, porque simultáneamente tenía responsabilidades de noviazgo, buscar trabajo como egresado de esta carrera, prepararme para el Examen Egel-Ceneval de Egreso, aprobar materias finales de la licenciatura, aprobar las prácticas profesionales, entre otras actividades.

El tema que elegí fue sobre Carl Ransom Rogers, mejor conocido como el humanista Rogers. Y escribí sobre su Teoría de la Personalidad.

A 21 años de distancia es evidente para mí que en ese momento mis palabras fueron más intelectuales que otra cosa. Una labor de investigación documental en muchos libros para extraer citas interesantes y lograr una introducción al método fenomenológico agradable y valiosa para muchos que me lo han expresado así en el internet.

Este Ensayo fue un parteaguas en mi vida por algo que ya he contado en otros lugares. Resulta que en una ocasión llevé unas 20 hojas escritas a pluma para que una persona me las transcribiera electrónicamente en computadora. Lo hice porque aún a esa edad (25 años) no le entendía a la computadora. Entonces, el zutano me dijo que volviera en unos pocos días. Así lo hice, y me salió con que se le habían extraviado las hojas. Me enojé y entonces primero me capacité en poder escribir a computadora mis escritos, lo cual fue parte del aprendizaje en toda esta aventura.

22- HAY QUE SER PSICÓLOGO Y ALGO MÁS

¿Por qué quieres ser psicólogo? Le han preguntado a muchos estudiantes de Psicología, como lo fui yo. En su momento, respondimos que para ayudar a los demás, otros agregaron que también para ayudar al mundo de alguna manera.

Aún no sabíamos de los espejos y proyecciones, vivíamos en lo mental y en lo exterior.

Seguimos avanzando de grados y nos damos cuenta de la tremenda realidad: estudiamos Psicología porque nos queremos ayudar a nosotros mismos, a nuestros familiares y en última instancia a los demás. Toing toing…

Si hablo de esto es porque lo viví y veo que otros lo viven. Psicólogo, tú, colega, el 20 de mayo dicen que es nuestro día, cerca de la madre, cerca del niño, cerca del padre, no hay coincidencias. Ayudémonos para ayudar, seamos psicólogos y algo más…

23- MÁS ALLÁ DE LA PSICOLOGÍA

Mencioné en algunas semillas de este libro que si estamos más preparados podremos afrontar de mejor manera las situaciones difíciles que se nos presenten en el consultorio, cubículo u oficina donde estemos laborando. Y añadía que yo soy de los que aparte de ser Psicólogo me he preparado en otras cosas, como lo menciono al final de este libro en el apartado «Acerca del autor». Te invito a que leas los demás libros que he escrito de mis experiencias con la perspectiva terapéutica:

"EXÁMENES DE CONTROL Y CONFIANZA. VERDADES Y MENTIRAS", (julio 2019)

"SIN CUENTA EXPERIENCIAS TERAPÉUTICAS", (agosto de 2019)

"TÉCNICAS ENERGÉTICAS Y DE INTEGRACIÓN CEREBRAL", (agosto de 2019)

«OTRAS 50 EXPERIENCIAS TERAPÉUTICAS», (septiembre 2019)

"100 INVESTIGACIONES DE EMDR, EFT, CF, PNL Y MÁS", (noviembre 2019)

Los cuales puedes conseguir en Amazon, en versiones electrónica (kindle) y de papel (impresa).

24- AVES ABANDONAN SU NIDO

Cuando en 1998 se realizó el acto de graduación de nuestra generación de la licenciatura de Psicología en la Universidad de Colima, fui elegido para brindar un discurso como representante de todos mis compañer@ de generación. Esto fue lo que dije:

Como veintiséis átomos en danza holística
que se mantuvieron constantes,
en el flujo y reflujo de miles de olas,
durante un quinquenio.

Los que hoy quedamos,
en algún momento por problemas tropezamos,
sobrevivimos al largo parto,
en que intervinieron decenas de profesores,
más de ochocientos días netos
de una familia matutina.

Partimos hoy,
tal vez un pastel festivo,
deseado y a la vez melancólico.
Partimos mañana, varios,
hacia un futuro desconocido,
pronto un futuro objetivado,
de esperanza, desarrollo y productividad.

Entramos a la carrera laboral,
durando casi lo que nos queda de vida,
sabiendo que es más dura que lo blando logrado.

Cinco años agridulces,
para algunos más dulces que agrios,
los cambios en cada uno,
se gestaron en ritmos variados.

Hoy somos una generación generando,
más que degenerando un grupo heterogéneo,
que interactuó con el momento,
una familia digamos que plural.

Cuando el tiempo pase sin mirarte déjalo correr
que en algún momento trotará hacia ti volteará
recordando que tú sólo caminaste,
constante y discreto sin viento,
abriendo en canal la mente y el corazón,
siendo tu esfuerzo ojalá recompensado
con agradecimientos y con valores.

Hagamos el bien sin mirar a quién
¿Hagamos el mal mirando a quién?
las promesas se modifican
cuando cambian las circunstancias.

Hoy las ansias de demostrar
circundan esta área,
en la que cada quien se forja
su historia ideal.

LA TEORÍA Y LA ESCRITURA

25- LA PSICOLOGÍA ACADÉMICA

Yo no desprecio lo académico, provengo de ahí. Simplemente lo hago a un lado cuando es pertinente, como lo recomienda Jung y Perls. No se equivoquen ni me malinterpreten. Quien piense que basta con la pura intuición y ejercicios psicológicos o terapéuticos pues estará errado y no comprenden cómo está la jugada. Es como los que piensan que Milton Erickson era un señor improvisado que nomás observaba y lanzaba cuentos. Falso, porque Erickson se formó en lo académico, además de lo personal. Entonces su talento se debía a su magistral manera de combinar sus conocimientos académicos (incluso escribió varios artículos en revistas reconocidas) con su intuición y experiencia.

26- SEGUIR LEYENDO Y DE MEJOR MANERA

Psicólogo, ponte a pensar qué sería de ti si a partir de que te gradúas ya no leyeras sobre tu carrera, qué te pasaría si no volvieras a repasar lo que aprendiste de tus apuntes, de esos libros introductorios. ¿Ya pensaste? Entonces hazlo, sigue leyendo lo que has dejado de leer o de repasar.

Colega, los libros son para rayarse, colorearse, saborearse, recortarse, escanearse, resumirse, aplicarse. No para tenerlos en el librero nuevecitos o intactos y presumir que hemos leído tal cantidad.

¿Cómo le hago para leer tantos libros o acceder a tanta información? Con técnicas de superaprendizaje, Fotolectura, Lectura Rápida, etcétera, desafortunadamente poco conocidas aún y que no nos enseñan durante la carrera de Psicología ni en cualquier nivel de escolaridad.

27- CONSTRUIR LA REALIDAD

Construimos la realidad, mejor dicho nuestra realidad, somos albañiles que vivimos en nuestro mundo, un mundo dentro de otros mundos, dentro de otras realidades, llámense objetivas o subjetivas, de otros o de lo otro, de los demás o de lo demás. Y en nuestro mundo, hay dos ventanas complementarias, una de ellas es muda, se guía por los sentidos, percibe sonidos, colores, sabores, sensaciones, imágenes, símbolos, olores, emociones, espacios, movimientos, estilos, artes. La otra es verborreica, descriptiva, lógica, secuencial, numérica. No es lo mismo mirar a través de una única ventana que integrar la visión de las dos, para construir nuestra realidad de una manera más completa.

28- LA GRAN NUEZ GRIS

Cuando imagino mi cerebro viene a mi mente una nuez, con sus dos mitades y los pliegues en el fruto comestible. Estas mitades están unidas en el centro por una protuberancia.

En nuestro planeta decimos que está el hemisferio norte y el sur, hemisferio significa la mitad de la esfera. En cuanto a que humanos somos, el hemisferio cerebral derecho, que por cierto controla nuestra mitad corporal izquierda desde el ojo y oreja hasta el pie, es la que en primera instancia se etiqueta como la principal fuente a trabajar con enfoques como Gestalt, Hipnosis, PNL, Método Fenomenológico, etc.

La parte hemisférica cerebral izquierda, que controla la parte corporal derecha, es la que abarca enfoques conductuales, cognitivos, etc.

A partir de que Roger Sperry y sus colaboradores recibieron el Premio Nobel en 1981, se ha tenido en cuenta la diferencia entre los dos hemisferios, sin embargo, también se empezó a explorar sobre la integración y complementariedad de estos, que han inspirado multitud de técnicas terapéuticas.

Ambos hemisferios se complementan, independientemente que al principio predomine más uno que otro, al final de una sesión o proceso se trata de integrar ambas visiones: la analítica y la visoespacial, la verbal y la muda-corporal.

29- ASUMIR CARGOS

En varios trabajos, me he dado la dignidad de rechazar varios ofrecimientos

de cargos o jefaturas cuando las condiciones en que lo hacen están sucias o hasta hay tufo de algo más. No soy de los que aceptan algo por estatus o por presunción, esto también me ha granjeado incomprensión y enemigos en el camino, tanto en lo académico como en lo laboral.

Por ejemplo, si yo hubiera aceptado alguno de los puestos que me ofrecieron en mi actual trabajo, estuviera estancado, al servicio de coludirme con autoridades y, en definitiva, no habría escrito los libros.

Y otros puestos que sí he aceptado, como por ejemplo en el sindicato al que pertenezco, donde soy Enlace y también Secretario de Capacitación y Cultura.

30- LA ENTREVISTA PSICOLÓGICA

Escribí un artículo sobre la Entrevista Psicológica, que luego incluí como parte de un libro («Exámenes de Control y Confianza. Verdades y Mentiras»), ahí escribo que:

La Entrevista es: Una relación ENTRE dos personas que interaccionan y se ven (VISTA), con un objetivo determinado. Implicando:

-El arte de preguntar. -El arte de observar. -El arte de escuchar. -El arte de empatizar.

De lo cual se desprenden las técnicas y estrategias de:

El arte de preguntar:

(Metamodelo de PNL; Modelo Milton; Preguntas abiertas-cerradas-inducidas; Flexibilidad, pertinencia y adaptación; Parafraseos; Preguntas sin enjuiciamientos; etc.).

El arte de observar:

(Comunicación no-verbal; Uso de mirada periférica; Atención reflejada en las miradas que emitimos; Conciencia y detección de lo que expresa el ojo izquierdo –lo sentimental ligado al hemisferio derechoy el ojo derecho –lo racional ligado al hemisferio izquierdo-).

El arte de escuchar:

(Comunicación paraverbal de la voz: tonos, énfasis, ritmo, entre otros; Escucha activa usando el oído derecho, que según Alfred Tomatis es el más adecuado; Detección de algún transtorno de lenguaje; etc.).

El arte de empatizar:

(Habilidades de Carl Rogers: Autenticidad, Humanismo, Respeto,

Comprensión, Confianza, etc.

Y de Milton Erickson: Rapport; Igualación; Seguimiento; Calibración; Adelantamiento; Uso de similares predicados y lenguaje del paciente; Conciencia de las condiciones emocionales y cognitivas del paciente ("normalidad", minusvalías, alteraciones inmediatas o recientes, etc.).

31- EN LA FACULTAD NOS ENSEÑAN A SER PSICÓLOGOS, NO A SER TERAPEUTAS

El psicólogo es celoso del terapeuta y de lo que no ha experimentado, cree saber todo de la mente. Ni sabe todo lo del cerebro y la mente y mucho menos del cuerpo, de las emociones o del alma.
Y al final de la carrera nos sentimos un sensei o gurú, cada quien en su isla de la fantasía intelectual, pobres investigadores con esbozos de terapia cognitiva.

32- ¿OBJETIVIDAD VS. SUBJETIVIDAD?

¿Sigues obsesionado con la objetividad cuando lo que vemos no es captado fielmente por nuestros ojos? No me creas a mí, revisa la ciencia de la visión, los mecanismos para ver y percibir.

El ser testigos de algo siempre le restará objetividad, porque siempre habrá subjetividad en nuestros ojos y percepción.

En otras palabras, considero una utopía alcanzar el 100% de pureza de objetividad. Esto se nota en las interpretaciones que se ofrecen sobre investigaciones o resultados de experiencias. Es más, también hay problemas de objetividad en una área supuestamente más materialista como la alimentación.

La prevalencia del objeto o del sujeto ha originado debates filosóficos, ha permeado en los fundamentos de ciertos enfoques psicológicos, y hasta en la manera de hacer Psicología y Ciencia.

No estoy pugnando por desechar esta alternativa, solamente destacar lo relativa que es, por más que nos quieran encajar la idea de que es inmaculada.

33- INVESTIGACIONES DE PSICOLOGÍA

Allá por la década de 1990, en la Facultad de Psicología en que estaba, para explorar investigaciones psicológicas dependíamos de revistas de Psicología impresas, como las de CNEIP, también había bases de datos de difícil acceso, por los permisos y restricciones que había para tal efecto.

Actualmente, hay bastantes revistas, tanto impresas como bancos de datos de investigaciones y artículos científicos sobre Psicología, en varios idiomas, con la ventaja de tener de ayuda el Internet.

Actualmente, contamos con bases de datos como. Redalyc; APA PsycNet; Dialnet; NCBI; Google Scholar; Ciencia.Science.gov; entre otras.

34- ¿CONOCES CUÁL ES EL MÁXIMO PREMIO QUE HA GANADO UN PSICÓLOGO?

Hay un psicólogo que obtuvo un Premio Nobel de Economía en el año 2002, se llama Daniel Kahneman, por sus investigaciones sobre la toma de decisiones en momentos de incertidumbre.

Y en el año 2014, tres psicólogos, John O'Keefe y el matrimonio May-Britt Moser y Edvard I. Moser ganaron en conjunto el Premio Nobel de Fisiología y Medicina, por sus hallazgos de las células que forman el sistema de posicionamiento del cerebro. En otras palabras, es el GPS interno que nos permite orientarnos en el espacio y saber dónde nos encontramos.

35- ¿LA PSICOLOGÍA ES UNA CIENCIA?

¿Es la Psicología una Ciencia? Por definición y por enseñanza académica sabemos que es una ciencia joven, aún menos desarrollada a comparación que la Química o la Física. Aunque los avances y empujes de la Psicología no solamente se agradecen a los estudios científicos sino también a los estudios clínicos y divulgativos de las experiencias de colegas a través del método fenomenológico. No dudo que lo científico haya revolucionado la Psicología. Tampoco dudo que lo fenomenológico ha revolucionado a muchos de mis consultantes (en mi consultorio o en Internet) y a mí.

La agridulce realidad es que en el ámbito de las ciencias humanas y sociales todavía no se ha llegado a obtener un consenso acerca de la fundamentación científica. Por esta razón no hay una epistemología ni desarrollada ni aceptada en estas ciencias, incluida la Psicología. Hay una pluralidad de respuestas que, Mardones y Ursua (1987), simplifican en tres posturas: a) Postura Fenomenológica, Hermenéutica y Linguística; b) Postura Dialéctica o Crítico-hermenéutica; c) Postura empírico-analítica.

36- LA LOCALIZACIÓN DE LA MENTE

Cuando inicié a estudiar la carrera de Psicología me preguntaba en mi introspección: ¿Dónde está la mente? porque los libros que consultaba no eran claros, solamente decían que en algún lugar del cerebro y que tarde o temprano se encontraría el lugar y estructura exactos. Sigue siendo tarde y aún permanece el misterio, para unos la mente está en todo el cuerpo, para otros está conectada a campos energéticos aún poco explorados. Y el gran Físico Michio Kaku cree que en el futuro nuestra mente estará conectada a ordenadores.

37- DETRÁS DE CADA ENFOQUE PSICOLÓGICO

Cada enfoque psicológico responde a un momento histórico socioeconómico. Por ejemplo, después de la Segunda Guerra Mundial surgió el existencialismo y el sentido de vida. En la década de 1960 toma fuerza el humanismo y los hippies. Desde comienzos del siglo XXI está tomando fuerza la Psicología Energética. Es decir que, *tras la teoría de la ciencia se lucha por diversos modelos de hombre y sociedad*" (Mardones y Ursua, 1987). No es de extrañar por qué la Psicología es una ciencia joven y con mucho camino por delante.

38- LA REALIDAD DESDE UNA PERSPECTIVA DIFERENTE

¿Has visto tu habitación cuando tu cabeza cuelga de la cama, así, desde abajo? ¿Has visto la Psicología desde sus entrañas epistemológicas? ¿Desde qué ángulo ves el elefante? ¿Has visto tu casa o tu lugar de trabajo desde la aplicación Google Earth?

Cuando yo me he sentado en un lugar poco común de mi casa (para comer, platicar o descansar), me he dado cuenta que suceden experiencias diferentes, muchas veces más relajantes. Esto también lo he aplicado en las atenciones a consultantes, variando el lugar donde ocurre la sesión, con resultados a veces sorprendentes.

39- PSICOLOGÍA APLICADA

La Psicología es una labor de equipo. Algunos se especializan en investigar, otros en escribir, otros en la docencia, unos más en difundir. Diferentes campos de aplicación, diferentes funciones para desarrollarse en esta ciencia, disciplina y área que se incrusta y amolda en nuestro estilo de vida. ¿Y tú, cómo participas en este engranaje?

40- EL CONOCIMIENTO

"Conocer una respuesta no es poseerla". Maestro zen Ejo Takata

Muchos psicólogos tienen conocimientos sobre la Psicología, acumulados durante años (en mi caso fueron 5 años de Facultad). Lamentablemente, no descuelagn mucho de eso a la práctica laboral, a su vida cotidiana o a difundirlo. Esa masa de conocimiento hay que amoldarla y darle un sentido.

41- ESCRIBIR UN LIBRO

¿Escribir un libro? Primero es dejar huella en las sesiones, durante años, afinando los detalles, sembrando, creando, combinando ciencia y arte, academia y estilo personal. Después de eso tendrás el material para tu libro. No hay prisa, a mí me inspiró el trabajo de muchos años que he venido realizando, desde 1998.

Alguien decía que para escribir hay que adquirir el hábito, diario escribe algo, no importa qué extensión sea, se trata de hacerlo. Esto se puede hacer en nuestro trabajo y/o en nuestra casa, en la calle o donde andemos. A mí me surgen ideas en muchos lugares, por eso cargo una libreta para plasmar lo que me aflore.

Para escribir, hay muchas maneras de inspirarse y expresarse, cada quien tiene su manera particular, algunos escriben con bolígrafo, otros con las teclas de la computadora, unos graban sus ideas y luego las transcriben.

42- CÓMO ME PUBLICARON LIBROS EN AMAZON

Algunos de ustedes me han preguntado (en público y en privado) sobre cómo le hice para que me publicaran un libro. Cada persona que lo haya logrado te dará su propia respuesta.

Ya he comentado que es una cosecha de más de 20 años de sacrificio, dedicación, experiencias, esfuerzo, etcétera.

Una respuesta más enfocada en el presente del cómo, es la que le dije al Psicólogo Arturo Gordillo: Creo que Amazon tiene la puerta abierta, al igual que las editoriales tradicionales. Conozco y tú también los conoces, casos en que han publicado a

través de la Universidad de Colima (Jazmín Larios y Julio Verdugo, lo digo a nivel estatal, porque cada quien tendrá otros ejemplos que conozcan), y otros han publicado artículos de Investigación (en este momento me acuerdo de Marco Tulio Venegas). En fin, Amazon es una opción más, a mí me tocó que me aceptaran acá. Intenten tú y los demás en varias opciones, se necesitan más libros que promuevan la terapia.

Ahora, yendo a lo más concreto del procedimiento, en las editoriales tradicionales se trata de tocar puertas, promover nuestros libros con las personas indicadas, y hay que estar preparados para la aceptación o el rechazo. Yo soy de los que creo que cuenta, en parte, el Destino que elegimos, el momento preciso, el dharma, la energía de lo que escribimos y el arte de saber ofrecerlo y a quién. No me es fácil intentar explicar todo esto, porque me introduzco en terrenos polémicos para muchos.

¿Y el procedimiento con Amazon? Pues esta corporación online, en su web tiene un apartado donde te va guiando en la solicitud que tú hicieras, si tú quisieras que te publiquen un libro. Obvio que te lo revisan en cuanto a contenido, originalidad de que seas tú el que posea los derechos de autor y se los puedas comprobar, estilo de redacción y ortografía para que lo corrijas, etcétera, etcétera.

EL EGRESADO

43- PREPARACIÓN CONSTANTE

Actualmente no basta con ser psicólogo, hay que prepararse más, con alguna especialidad, asistiendo a Congresos, tomando cursos y talleres, leyendo libros, estar actualizados.

Para actualizarse, hay que estar al tanto de la neurociencia, y también de los avances de tu espiritualidad, comportamiento y sentimientos ¿los tienes actualizados o empantanados?

44- EL PSICÓLOGO JOVEN Y EL VIEJO

Como te ves me vi, como me ves te verás. No sé si en meses o en años.

Un día fuimos estudiantes, luego seremos ¿maestros, amargados, vendedores, docentes?

45- ESPIRITUALIDAD

«Para ser testigos del misterio de nuestra mente, no tenemos más que mirarnos al espejo y preguntarnos qué se oculta tras nuestros ojos, lo que nos lleva a plantearnos obsesivamente preguntas como: ¿tenemos alma?; ¿qué es de nosotros tras la muerte?; ¿quién soy «yo»? Y, lo que es más importante, nos conduce hasta la cuestión definitiva: ¿cuál es nuestro lugar en el gran proyecto cósmico?».

Michio Kaku (El Futuro de Nuestra Mente)

Adéntrate en un enfoque espiritual, el que te llene, y experiméntalo a cabalidad. Hay religiones y creencias para todos los gustos. Es más, hay quienes se mantienen laicos o hasta son ateos. Por espiritualidad me refiero a que expandas lo que eres hacia los demás, sea tu familia o los extraños, practica el altruismo, conéctate con una Fuerza Superior como tú la quieras sentir o pensar. Profunda introspección hacia tu ser, el que está más allá de tu cara o de tu cerebro. Si reniegas de la religión tradicional por sus errores y excesos, recuerda que la catedral más bella está dentro de ti. Hay que limpiarse también por dentro, me refiero a la mente y al «corazón», hay que transformar nuestro pasado para que ningún trauma nos estorbe al momento de asesorar o facilitar nuestro trabajo a otra persona.

46- CAMINAR

Caminar es estimularte bilateralmente, te proporciona salud física, relaja y ayuda a pensar mejor.

Me encanta caminar, recuerdo en mi época de psicoestudiante que a veces no tenía dinero ni para al camión, por lo que me aventuraba en trayectos de 30 ó 40 minutos caminando. Aún mantengo el hábito, lo que ha contribuido como un gran aporte a mi salud física y mental, sí, dije también mental, por lo que señalé en el primer párrafo de esta tercer semilla.

Para tener salud física no se trata de correr como desesperados, porque además de que nos exponemos a una lesión, hay que saber que se ha comprobado que caminar rápido tiene beneficios similares al jogging (correr).

47- SER CRÍTICO Y NO CONFORMARSE

En muchas facetas de mi vida como persona y como psicólogo, he tenido que ir más allá de «lo oficial o establecido». Me disgusta el conformismo cuando no me funciona lo que «debe ser», según los voceros del establishment. Si me hubiera quedado cruzado de brazos haciendo lo recomendado por «la Ciencia», no estaría escribiendo en este momento, estaría arrumbado y amargoso, como un psicólogo fracasado.

48- USAR LA POLÍTICA Y LAS LEYES

Es necesario en ocasiones hacer uso de la política y de las leyes, para defender nuestros derechos y nuestro trabajo, contra autoridades abusivas y arbitrarias que pretendan manipular o presionarnos en nuestra ética. Yo lo he hecho a muchos niveles, incluso he llegado hasta interponer queja en una Comisión de Derechos Humanos. Paralelamente al ejercer mi profesión, he tenido que ejercer política. Me explico, cuando digo política, no estoy hablando solamente de partidos políticos, me refiero a la política en un sentido amplio de tomar decisiones, organizar mi trabajo y defender mis derechos, entre otras cosas, a través de interaccionar con compañeros y autoridades institucionales en mis diferentes trabajos federales y estatales. Política en solicitar mis necesidades, en exponer carencias, en cabildear conflictos, en aplicar algo, en pelear cuando me atacan, en proponer soluciones y seguir "vivo" en cada lugar de trabajo. Sin la política, no hubiera logrado lo que he logrado. Es decir, que no basta ser psicólogo, independientemente del talento o preparación académica que se tenga, hay que saber navegar en esas políticas (sindicales, jurídicas, reglamentarias, partidarias, institucionales, etc.) que existen en cada lugar de trabajo. ¿La Gestalt? Hacia el paciente y hacia los demás...y además usando la política...inevitablemente, si no la hubiera usado me pudieron haber tragado los muchos tiburones que me han rondado. Por esto y más, decía en otro momento: Hay que ser Psicólogo y algo más...

49- ¿POR QUÉ NO HAY MUCHOS CONSULTORIOS DE PSICÓLOGOS?

Por varias razones:

1.-Es muy costoso equipar o montar un consultorio: muebles, renta, espacio, recursos materiales, recursos humanos, publicidad, etc. No cualquiera tiene el presupuesto para hacerlo.

2.-En muchos países, como en México, aún no es valorada la profesión de Psicología o Psicoterapia, por lo que hay poca solicitud de atenciones psicológicas/psicoterapéuticas. La poca gente que se anima a ir en busca de Psicología/Psicoterapia suele acudir a Instituciones públicas como hospitales, Centros diversos de atención familiar. Otros son obligados a recibir la atención, como los que están presos en las cárceles, y quienes en el exterior no dan seguimiento a su proceso.

3.-Hay psicólogos que se aventuran a abrir consultorios sin tener los recursos suficientes, con una preparación académica limitada (sin posgrado) y desconocimiento de marketing, entre otros rubros.

4.-De los consultorios que abren sus puertas, pocos logran sobrevivir, como negocio es muy complicado sobrevivir. Las razones las dije en los puntos 1, 2 y 3.

50- USAR PROGRAMAS EN PSICOLOGÍA

"Si no encuentras el programita que buscas para tu proyecto, entonces tú elabora el programita que necesitas". Psic. Esp. José Luis González

En los lugares que he trabajado, a veces ya existen programas para trabajarlos. Cuando no los hay, emprendo la tarea de crearlos. En mi carrera de Psicología me capacitaron para ello.

En un programa hay que ir de lo general a lo específico, de la idea a lo concreto, plantear objetivos, no subjetivos. Hay que diagnosticar, hay que evaluar, hay que retroalimentar.

Habrá programas ambiciosos, de equipo, para una tesis, para una Institución. Lo cierto es que son la estructura que nos guía en nuestra labor.

51- ¿EN QUÉ ÁREAS LABORALES SE HA DESPERDICIADO LA PARTICIPACIÓN DEL PSICÓLOGO?

En los gobiernos de México, a nivel federal, estatal y municipal, se ha desaprovechado la contratación de psicólogos en escuelas de todos los niveles, incluso en muchos colegios privados. A nivel estatal y municipal, los pocos psicólogos que hay están saturados, se necesitan más. En el medio penitenciario (me consta) también se necesitan muchos más. Se ocupan urgentemente profesionales de la Psicología en Instituciones de Farmacodependencia, Salud, Atención a personas de la Tercera Edad, Atención a niños, Violencia de Género, y un largo etcétera. Los políticos (de cualquier color) suelen contestar que no hay dinero para contratarlos, y cuando ha habido presupuesto no lo han hecho, prefieren contratar a profesionales de otras áreas, porque no nos ven como prioritarios.

52- LA IMPORTANCIA DE CONTAR CON UN PSICÓLOGO

Alguien dijo que un mago era imprescindible para investigar lo paranormal. Yo digo que un psicólogo es imprescindible para cualquier escuela, Instituto o Institución.

Si tú eres psicólogo y llegas a un puesto de poder, por lo menos intenta ampliar el campo de trabajo de los psicólogos y dales un trato digno.

53-
DESFRAGMENTARSE PERIÓDICAMENTE

La palabra "desfragmentar" asusta a algunos, y se relaciona con integrar los fragmentos. Obsérvalo en tu computadora, es parte de su mantenimiento y te toca realizarlo periódicamente. Con un temazcal, taller terapéutico, una meditación, una introspección, estimular el cuerpo, navegar y modificar nuestra mente, transformar lo incómodo, modificar conductas, reconstruir nuestra realidad.

Mi memoria está en constante transformación, de significados que resignifico.

Hay que identificar esos fragmentos de egos y de círculos sin cerrar, esas úes que aún no son óes.

Hay que fragmentarse para luego renacer integrado, más conciente, más equilibrado.

54- PERSPECTIVA DE GÉNERO

Conoce y aplica la Perspectiva de Género en tu quehacer psicológico.

La importancia que veo en la temática de la violencia de género es que es un tema de brutal actualidad y con el cual me encuentro día a día en mi lugar de trabajo (una cárcel), contaminándome en ocasiones. La violencia de género está ocasionando demasiadas muertes. En los extremos de la cuerda están el machismo y el feminismo. En medio la igualdad y la tolerancia.

Dice Roberto Garda, experto en temas de Género, que Biología no es Destino. Tradicionalmente, se nos enseña que la Biología norma la identidad, los roles de género y la orientación sexual. Esto no es así, y por eso existen conflictos o rebeldías de identidad, en roles y en orientaciones sexuales.

El sexo es lo biológico que con los órganos sexuales nos caracteriza como hombre o mujer. El Género masculino está constituido por ese conjunto de identidad, rol y orientación sexuales. Lo mismo pasa con el Género femenino. O sea, el Género lo dicta la sociedad, la cultura, la religión. Las conductas en sí no son ni masculinas ni femeninas, se califican de tal o cual género según el contexto histórico-sociocultural en el que se esté.

En cuanto a la comunidad LGBTTTI, hay que mantener un respeto a sus derechos, y atenderlos en Psicología sin intentar cambiar lo que son, es cuestión de trabajar con sus necesidades, sin entrar en juicios. En la página del COPRED, de la Ciudad de México, se menciona que la abreviatura LGBTTTI significa Lésbico, gay, bisexual, transexual, transgénero, travesti e intersexual; las primeras 3

(LGB) son orientaciones/preferencias sexuales, las siguientes (TT) corresponden a identidades de género; la siguiente T corresponde a una expresión de género y la intersexualidad (I) corresponde a una condición biológica.

55- REESTRUCTURAR NUESTRAS CREENCIAS

Así como en los medicamentos, revisemos la caducidad de nuestros métodos y creencias. Para reestructurar se ocupa primero desestructurar (creencias, pintadas, líquido de un vaso, etc.).

Yo soy de los que gusta revisar de vez en cuando, en promedio cada 6 meses, los libros que tengo (físicos y lectrónicos), para darme cuenta cuáles vale la pena conservar según mis actuales tendencias. He llegado a regalar, donar o hasta tirar varios de esos libros. Porque mis creencias están en constante cambio, mis técnicas, mis estructuras, mis enfoques, mi manera de ser y mis maneras de aplicar la Psicología.

56- USAR LA TECNOLOGÍA

Hay que hacer uso de los medios tecnológicos, para las sesiones, para la difusión, para nuestra expresión. Las redes sociales o nos enredan o nos interconectan. Tenemos la inteligencia para hacer uso adecuado de ellas.

Reproductores dvd, blue ray, computadoras, cañones de proyección visual, películas, documentales, archivos de diapositivas, videos, audios, etcétera. Cuando no entendamos algo hay que preguntar a los que saben.

En mi caso, todavía a los 24 años de edad no sabía escribir en computadora, y para escribir mi Ensayo tuve que aprender a hacerlo. Después, poco a poco me familiaricé con el Internet, preguntando, practicando, leyendo revistas de informática, capacitándome en programas de ofimática. Hasta que luego tuve los conocimientos suficientes para administrar un Blog y Grupos en Facebook.

57- LAS RUTAS DE CADA PSICÓLOGO

Soy una persona que por diversas razones recurre a taxis para desplazarme a ciertos lugares. Y he notado que cada taxista tiene su ruta propia, independientemente de lo corta o larga que sea la distancia del punto al que quiero que me transporte. Algunos se tardan más que otros, algunos lo hacen deliberadamente en rutas largas para cobrar más.

Cada psicólogo tiene su estilo y sus métodos, que ocasionan resultados más o menos rápidos o lentos. Y cada psicólogo maneja su negocio o su labor a conveniencia. De mi parte, no pretendo crear dependencia ni alargar para cobrar más, espero que la sesión o el proceso de sesiones dure lo que tenga que durar, guiándome mayormente por la intuición, no por la bandera del billete. Y sí me gusta preguntar a mis consultantes qué recibieron o apendieron de otros colegas de quienes recibieron asesorías psicológicas o terapéuticas.

58- APRENDER EN REVISTAS Y YOUTUBERS DEL MISTERIO

¿En qué me han servido estas revistas? En abrir la mente a nuevas posibilidades, a que no todo está en lo académico o en lo oficial.

Opino que lo paranormal, los ovnis, los misterios y los enigmas no podemos ignorarlos y cerrar los ojos ante ellos. Sí existen y seguirán existiendo fraudes, timos y negocio en esos temas, sin embargo, también existen investigadores, sucesos y lugares que desafían las explicaciones convencionales, incluyendo algunas experiencias que me han sucedido a mí y a personas cercanas.

También, no hay que perder de vista el ocultamiento que existe y la negación reiterada de las autoridades gubernamentales, militares y científicas sobre estos temas, lo que pasa es que sus intereses están primero, en cuanto a seguridad nacional, lo científico materialista, el sistema militar, etc.

No se trata de creer todo lo que leemos (ni en lo académico ni en lo del misterio), a veces hay contradicciones entre lo aceptado oficialmente y lo no aceptado. A veces hay contradicciones entre lo que experimentas y entre lo que la sociedad o la Ciencia experimenta.

Hay unos youtubers disparatados, otros que siembran falsa información y también los hay quienes se toman muy en serio el investigar y compartir misterios y denuncias contra el Sistema o Poder establecido (Establishment) imperante.

Los youtubers son como los ovnis o como los fantasmas, no todos son genuinos. Además, como en la sociedad, entre ellos existen amistades y enemistades, simpatías y antipatías, celos y colaboraciones.

Sabiendo elegir los adecuados canales, podemos aprender y sorprendernos de tantas conspiraciones gubernamentales y militares, manipulaciones que nos tienen con la venda en los ojos, todo con el afán de mantener un Orden Mundial que así conviene a los intereses de unos pocos que se esconden en las sombras.

Obvio, no hay que creerles todo, ha habido varios videos de ellos en los que no estoy de acuerdo o que simplemente no me gustó el abordaje que hicieron. En cuanto al ego de cada youtuber, pues es como todo, algunos lo tienen más marcado que otros.

¿De qué sirve esto a un psicólogo o terapeuta? A mí me sirve para abrir mi mente a otras posibilidades y para seguir conociendo la mente humana y a otras entidades distintas a la humana. Me sirve también para despertar del letargo en que nos tienen sumergidos los poderosos de la política y los que ostentan el poder de todo tipo, desde militares hasta empresarios y científicos. Sé perfectamente que algunos de los que me leen me verán como un loco o que esta postura le resta seriedad a mi profesión. Asumo el riesgo, y prefiero contribuir con mis gotas de lluvia ante pocos valientes que se atreven a andar en estos terrenos resbaladizos, a diferencia de la mayoría que prefiere irse por la vía cómoda del oficialismo y para evitar el "qué dirán".

59- PROBLEMAS EN EL PSICÓLOGO

Estamos expuestos a los mismos problemas que las demás personas, en todos los ámbitos: social, familiar, laboral, personal. La diferencia es que afrontamos los conflictos y situaciones con otra mentalidad y los resolvemos de una manera diferente al común de la gente. Cuando es algo que nos rebasa o afecta demasiado, también buscamos ayuda con colegas o en lugares espirituales, es decir, cada psicólogo tiene sus maneras de "limpiarse" y seguir adelante, el qué tanto nos limpiamos se notará en nuestro rendimiento laboral, en la calidad de atención y resultados en los consultantes. Problemas siempre habrá, se trata de no derrumbarse, de saber afrontar y solucionar eso que nos suceda.

60- VALORAR LAS CONSTELACIONES FAMILIARES

Las Constelaciones Familiares no las puedes entender desde la pura Psicología. Necesitas adentrarte en la Filosofía, en la Espiritualidad como la vivas, en el Método Fenomenológico, y sobre todo en experimentarlas, así lo hice yo.

El creador de las Constelaciones Familiares, Bert Hellinger, señala en ‹La Verdad en Movimiento' (2008), que: «la verdad científica no es toda la verdad. Allí donde se trata de algo esencial, por ejemplo de la paz o del destino o de aquello que hace feliz y plena al alma, o donde se trata de valentía o de la sabiduría o del espíritu, la verdad científica nos abandona. También allí donde se trata de creaciones de arte, por ejemplo también del arte de gobernar, la acción se logra mediante comprensiones que en el momento de actuar no se rigen por algo ya existente y comprobable».

Lo que hay que aclarar es que las Constelaciones Familiares no son parte de la Psicología. Y pueden ser parte de tu formación personal o hasta incorporarlas como una herramienta que enriquezca tu abanico de posibilidades cuando ejerzas tu profesión. Yo, por ejemplo, estudié un Diplomado en este enfoque.

61- LA PSICOLOGÍA ENERGÉTICA

El EFT y la Psicología Energética están constituyendo un paradigma alterno al dominante en la Psicología Oficial. Ábrete a las nuevas posibilidades, al nuevo paradigma, a explorar con mente abierta los cientos de investigaciones científicas y experimentales que están cambiando la historia de la Psicología, no basta con menear la cabeza, hay que usarla. *¿Por qué algunos psicólogos rechazan la Psicología Energética?* Por ignorancia y prejuicios, o porque en vez de investigar se dejan llevar por lo que otros les dicen. Algunos de ellos ni siquiera escucharon de ella cuando estudiaron la carrera de Psicología. Serían más inteligentes si se dieran una vuelta a revisar las investigaciones científicas que se han hecho sobre la Psicología Energética. Les sugiero revisen las que recopilé en mi libro: *"100 Investigaciones en EMDR, EFT, CF, PNL y más"*. Al año 2019 existen más de 100 estudios científicos que concluyen que hay evidencia de su efectividad.

62- PSICOLOGÍA PARA LOS MÁS NECESITADOS

La Psicología la podemos desarrollar en varias vertientes, una de las más olvidadas es la que tiene que ver con la ayuda a los más necesitados, a los pobres, a los marginados. Apoya en las brigadas (políticas, voluntarias, escolares o de alguna asociación) donde brindes atención psicológica gratis.

63- ENSEÑANZA

Cuando me decidí a enseñar a los demás me despojé de egoísmos y entendí que es un servicio a los demás, así como yo lo recibí de otras personas, desde mi niñez, dentro y fuera de la escuela.

Al principio, como era de manera informal, a los que enseñaba se les ocurría regalarme algo, como una camisa, por ejemplo. Y fueron más agradecimientos que obsequios. Para mí es apasionante aterrizar las abstracciones o rebusques de un autor y mostrarlos de una manera accesible al que no entiende el libro o cierta clase.

64- FORMAR UNA FAMILIA

Tener la propia familia, implica ser un psicólogo más completo. Convivir el embarazo con nuestra pareja, convertirnos en padres, ver crecer a los hijos, educarlos, disciplinarlos, todo eso y más nos hace comprender más a fondo aquellas lecturas de Psicología del Desarrollo, de nuestra psicobiología. Y también nos permite comprender más a nuestros propios padre y madre.

Una familia es como un laboratorio, así lo entendió Jean Piaget. En una familia podemos ensayar y practicar la empatía, el afecto, la compasión, la observación fina, el rapport, algunas técnicas, la autenticidad, entre otros elementos.

Antes de haber formado una familia junto con mi esposa, para mí era difícil comprender o empatizar aspectos de Psicología aplicada a una pareja, hacia los niños y hacia todo lo que implicaba el entorno familiar. No basta haber sido hijo o hermano, te hace más completo el ser padre y esposo, y aún mejor si eres abuelo.

65- ¿DÓNDE ESTÁN LOS PSICÓLOGOS EGRESADOS?

Hasta el 2020, hay miles de psicólogos en todo el mundo, muchos de ellos laborando en trabajos o puestos que no son de Psicología. Donde quiera que estés o donde vayas a estar, aplica los fundamentos de la Psicología. Una persona que estudió Psicología tendrá una ventaja sobre el que no estudió esta carrera, en cualquier trabajo que analicemos, y esto lo saben los de Recursos Humanos.

66- TUS HUELLAS DE PSICÓLOGO

¿Cuál es la huella que has dejado hasta este momento? Ok ¿Y DÓNDE la has dejado? Expande tus descubrimientos, experiencias y exploraciones, comparte tus huellas con nosotros tus colegas.

¿Estás en el corazón de tu familia? ¿Estás en las oraciones de una persona agradecida con tu asesoría? ¿Estás en Google? ¿Estás en un libro? ¿Qué huellas has dejado en los trabajos que has tenido como psicólogo?

Hay quien dice que primero hay que dejar huella como familiar (como hijo, como hermano, como padre, como esposo) y luego como profesional.

67- SERIES Y PELÍCULAS SUGERIDAS

Por otra parte, como psicólogos podemos aprender de series como ‹Mind Hunter'; ‹Las cintas de Ted Bundy'; ‹Black Mirror'; ‹Lie to me'; ‹En Terapia'; ‹Hannibal'; etc.

Y si de películas comentamos, sugiero las siguientes:

«El Camino del Guerrero»; «Verónika»; «Giuseppe Moscati. El médico de los pobres»; «El Color del Paraíso»; «Te doy mis ojos»; «La vida de un Rey»; «La Cura de Yalom»; «Patch Adams»; «Mi encuentro conmigo»; «Cadena de favores»; «El milagro de la mariposa azul»; «Con ganas de triunfar»; «Aviones de papel»; «El niño que domó el viento»; «Mente indomable»; «Los inventores»; «El silencio de los inocentes»; «¿Quién se ha llevado mi queso?»; «Incondicional»; «Antwone Fisher: El Triunfo del Espíritu»; «La vida es bella»; «Whiplash»; «Ray»; «Al otro lado»; «Ex machina»; «McFarland sin límites»; «Manos milagrosas».

68- SOY UN MENSAJERO ATREVIDO

No es que yo sea rico, hacker o un genio, simplemente digo y hago lo que muchas personas (incluyendo psicólogos) no se atreven a decir o hacer. Por cierto, me considero un mensajero de tantos, para ti que me lees o que acudes a mi encuentro, virtual o en vivo. A veces soy tu espejo, a veces soy una vitrina con regalos a los que tú les pones el valor. Soy un río viejo fluyendo al mar, me ves pasar, te ves en mi agua, pescas algo, según tú al azar.

No te ciegues de ira con los mensajeros, concéntrate en valorar el mensaje. El mensajero es humano, el mensaje te llega desde lo espiritual.

69- AYER Y HOY

'Ayer' fui un estudiante de Psicología, un bribón intelectual. 'Hoy' estoy en el camino terapéutico (auto y hetero) sabiendo, sintiendo y siendo. Para facilitar terapia, el consultante y yo usamos paredes, techo, piso, mesa, computadora, adornos... cualquier cosa o lugar donde proyecte.

Ayer estudiaba, hoy también. Ayer fui de una manera, hoy de otra mucho mejor. El Ayer ya pasó, soy absolutamente responsable de este instante, de este aquí y ahora, siendo el psicólogo que soy gracias al Ayer y gracias al Hoy.

70- DIFUNDIR LA PSICOLOGÍA

Me gusta difundir la Psicología, en la docencia, en escribir libros, artículos y un Blog, en compartir mis experiencias, en conferencias y talleres, en cualquier sesión con cualquier persona. Ofrezco, doy, comparto, facilito, ayudo, a veces cobro: dinero o lo que la vida me done de vuelta. Te invito a realizar algo parecido. Tú, colega, puedes difundir la Psicología en tu comunidad, en tu casa, entre tus familiares, entre tus amistades, o donde a ti se te ocurra.

LAS SESIONES

71- EL COSTO DE LA SESIÓN

Para facilitar el pago de una consulta al cliente, se me ocurre el que se pueda realizar una o más de las siguientes estrategias:

-Aunque se tenga un costo fijo por sesión, se puede hacer excepciones con gente de escasos recursos, para no repetir la discriminación y elitismo de algunos terapeutas que conozco, cuyas terapias se vuelven solamente "para el que tenga dinero".

-Elaborar creativamente una tómbola o recipiente donde se coloquen fichas (de cartón, fomi, plástico, tela u otro material) que estén rotuladas con descuentos del 100%, 50%, 30% u otro, respecto al costo de la sesión.

-Dedicar un día semanal, quincenal o mensual en el que se ofrezca gratuitamente o un descuento al costo de la sesión. El día elegido puede ser determinado y conocido por los pacientes, improvisado o elegido con pocos días de anticipación.

-No recomiendo fiar la totalidad el costo de la consulta. Aunque sí vale la pena probar el pago en abonos, sobre todo en clientes que estén apuros económicos.

-Por otra parte, en casos de catástrofes, hay que plantearse el ayudar a la gente, ya sea de nuestro barrio, colonia, localidad o de alguna localidad a la que podamos acudir, de preferencia acompañados por otros colegas.

-Y aunque no haya catástrofes, de hecho hay mucha gente que necesita ayuda, en rancherías (zonas rurales), colonias marginadas y a veces en la propia colonia en que habitamos. Obvio que siempre hay que cuidar los aspectos de seguridad propia para evitar asaltos o robos. ¿Qué hacer ante esto? No se trata de quedarse siempre enclaustrado en la casa pretextando que las cosas están feas y peligrosas afuera. Lo que yo he hecho es ir acompañado de otros, tomando las precauciones necesarias.

72- ¿QUÉ SE SUGIERE CUANDO UN PSICÓLOGO HOMBRE DARÁ CONSULTA A UN NIÑO O NIÑA?

Yo sugiero que esté presente la madre, el padre o ambos acompañando al niño o niña, a una distancia que se considere prudente, con el fin de que puedan atestiguar que no ocurra ningún tipo de abuso. Además, quien esté presente de los padres podrá apoyar al psicólogo en algún ejercicio o actividad donde se le requiera su participación.

73- ¿POR QUÉ HAY OCASIONES EN QUE UN CONSULTANTE NO SE "CURA" CON UN PSICÓLOGO?

Los psicólogos no "curan", no somos médicos ni curanderos. El psicólogo facilita que el propio consultante se transforme y resuelva los conflictos y problemas que tenga en su vida. El psicólogo acompaña, sugiere, orienta, interpreta, muestra, pregunta. Los resultados adecuados o inadecuados dependen de la interacción entre la calidad/habilidad del psicólogo y la apertura/resolución del consultante.

74- ACCIDENTES Y MUERTES

Mientras manejamos un vehículo, no basta controlar lo nuestro, también hay que ver qué hacen o qué harán los otros conductores. Podemos intentar controlar variables para evitar que el consultante se autoagreda, sufra un daño durante la sesión o después de esta, sin embargo, hay que reconocer que las circunstancias o las decisiones que tome el consultante serán su responsabilidad.

Ya sabemos que es importante que al final de la sesión el consultante se vaya mayormente relajado, sin estar en trance, y lo menos perturbado posible, porque muchas veces manejarán un vehículo para retornar a su casa y necesitan estar alertas.

Conocí un psicólogo que se lamentaba demasiado porque uno de sus consultantes que estaba en proceso de consultas psicológicas se suicidó en determinado momento, en su propia casa. Lo inadecuado del asunto es que ya habían pasado varios años del suceso, lo que reflejaba que ese psicólogo aún no había superado ese enganche.

A veces es tentador, conciente o inconcientemente, desear que a nuestro consultante le vaya bien en todos sus aspectos, olvidando que es un ser humano que tendrá altas y bajas, incluyendo esto en el proceso psicológico que tenga con nosotros, y siempre estará latente la posibilidad de un accidente, o que sea víctima de violencia, homicidio o suicidio.

Yo que he estado trabajando en un medio penitenciario, es relativamente frecuente que me entere que tal o cual persona que egresó de la cárcel, en el exterior recayó en drogadicción, fue asesinado o fracasó en su nueva relación de pareja, eran posibilidades. En otros casos, las noticias son positivas, personas que reiniciaron su vida, formaron una nueva familia, que están trabajando en algo legal, que superaron sus principales traumas, que después de haber estado al borde la muerte cambiaron radicalmente su estilo de vida, en fin, hay de todo.

También he trabajado psicológicamente con personas con ideaciones suicidas, autoagresivas y personalidad borderline, con los cuales he salido adelante, gracias a mi preparación de posgrado en psicoterapia.

75- RESPONSABILIDAD

Cuanto más conozco, crece mi responsabilidad en esta vida y me doy cuenta que no podré absorber todo en las décadas que estaré en el planeta. A la fecha, hay miles de libros que no alcanzaré a leer, el conocimiento ya rebasa las capacidades de cualquiera.

Lo que no puedo eludir es la responsabilidad de seguirme preparando y actualizando, así como de brindar hoy un mejor servicio que el que di ayer.

Asumo la responsabilidad de mis actos y la responsabilidad de guiar hasta donde pueda o se me permita, a un ser humano que acude a mí por la razón que sea.

76- LOS PIES Y EL ESCRITORIO

Volviendo al experto Joe Navarro, menciona que los pies son la parte más sincera del cuerpo, por lo que es conveniente que de un paciente o entrevistado los tengamos a la vista.

En mi oficina de consulta yo tengo el escritorio a un lado de mí, de manera paralela. Con esto cumplo varios propósitos, como lograr mayor confianza con el consultante, y también para que no me estorbe dicha estructura en ejercicios psicoterapéuticos, lo que me permite observar mejor al paciente, como el lenguaje corporal de sus extremidades inferiores.

77- ¿HASTA DÓNDE PUEDE O TIENE QUE LLEGAR UN PSICÓLOGO CON UN CONSULTANTE?

Hasta donde él lo permita, conciente o inconscientemente. No podemos invadir donde no nos lo permiten. No podemos obligar o amenazar a que el consultante aborde o nos diga algo. Es básico obtener el permiso del consultante y que éste, de preferencia, acuda por su propia voluntad, aunque habrá casos en que van obligados por algún Juez penal o por alguna autoridad penitenciaria.

78- LA MÍNIMA VOLUNTAD EN EL CONSULTANTE

Varios de los psicólogos que conozco coincidimos en que el consultante tenga la mínima voluntad para acudir a sesión. También, se trata de que esos consultantes no representen un peligro para nosotros, directa o indirectamente. Por ejemplo, recuerdo que, en una ocasión atendí a una señora que empezó a trabajar en sesión aspectos de relación de pareja, en la segunda sesión menciona que su marido está muy enojado con estas terapias y con su psicólogo, o sea, conmigo. Evalúo la situación y decido cancelar las sesiones, para no exponer mi integridad física.

79- EL CONSULTANTE PIDE AYUDA

Lo que he visto es que a muchos consultantes no les interesa el enfoque que apliquemos o los pleitos epistemológicos. Lo que quieren es ser ayudados, algo práctico, no rollos, no perder el dinero en puros desahogos.

Así que, mientras somos estudiantes o estamos fanatizados con cierto enfoque psicológico, no reparamos en ponernos en la necesidad del consultante.

80- PORCENTAJE DE ÉXITOS

Ningún psicoterapeuta, psicólogo o profeta ha tenido éxito en todas sus intervenciones. Ninguna técnica psicológica o psicoterapéutica por sí sola garantiza un cambio favorable. Somos humanos preparados, no magos ni curanderos.

El que se desmoralice por algún resultado insatisfactorio sépase que no hay fracasos, hay aprendizajes. El consultante enjuiciará seguramente al psicólogo, algunas veces sin coincidir con lo que percibe el psicólogo.

He visto algunos casos donde el consultante no ve, o minimiza, sus aciertos o progresos que sí notamos nosotros los psicólogos.

Es relativo y a veces hasta irrelevante hablar de porcentajes de éxito en los casos tratados, porque ¿éxito en qué sentido? a veces es un éxito que tal persona haya aceptado entrar a un proceso psicológico por primera vez en su vida. A veces superan un trauma, pero les faltan superar otros siete. A veces hay personas que ni siquiera se presentan a la primera cita.

81- EL JUEGO REVELA CÓMO ES LA PERSONA

Si quieres conocer más a una persona, observa cómo juega, algún deporte o juego de mesa, ahí no hay máscaras. Por eso, cuando en un grupo escolar, institucional o de cualquier tipo se realiza una actividad, ahí podemos observar roles sociales y características de la persona que posiblemente no detectemos en un cuestionario o test.

82- CUANDO EL CONSULTANTE INTELECTUALIZA

Forzar es intelectualizar. Fluir es sentir. Vivir es transitar esta serie de ondas. No ruegues, insiste en otros momentos, hasta que ojalá la otra persona decida por sí misma y a su manera.

Durante las primeras ocasiones que atiendas a alguien, será frecuente que prevalezca su mecanismo de intelectualizar, para evadir el sentir. Para solventar esto hay recursos de trance indirecto conversacional, reestructuración de creencias, búsqueda de alternativas, entre otras.

83- COMUNICARSE CON EL CONSULTANTE

A veces hay que explicar las cosas con manzanas y a veces con huevos. A veces hay que ser didáctico, a veces confrontador, a veces simplemente acompañar. En un silencio tenso, hay que decidir si lo mejor es callar y acompañar o soltar un comentario de humor para romper lo helado.

Para comunicarse con el consultante hay que hacerlo a nivel verbal, no verbal y paraverbal.

El nivel paraverbal es muy importante en los hipnoterapeutas de cualquier tendencia. Se refiere a las características de la voz, cómo y en qué momento usar determinado tono de voz.

El lenguaje metafórico es muy útil usarlo con los consultantes, puede ser en un cuento, anécdota, frase, refrán, comparación o hasta en un chiste con transfondo psicológico.

Los objetos, imágenes, el orden y la limpieza que haya en el cubículo o consultorio comunican de parte de nosotros al consultante.

84- PROBLEMAS Y PERCEPCIÓN

Hay veces que nacen problemas por la percepción. Otras veces, también.

Entendí que no me conviene apresurar el juicio sobre cómo parece una situación o una sesión. A veces termina en lo opuesto a como inicia.

Hay que detenerse a ver el desarrollo de un problema o conflicto, si hubiera el tiempo para hacerlo. De no haberlo, hay que recurrir a la intuición y a entender el marco de construcción de la realidad donde se desenvuelve el consultante, para entender sus cimientos, sus lentes y sus creencias.

A veces, la incorrecta percepción de un hecho, palabra o situación puede originar conflictos, que un tercero

85- PSICOLOGÍA PENITENCIARIA

Ante presos, aún funciona mucho la "magia" de lo proyectivo, lo no-verbal, ericksoniano, energético, PNL, Gestalt y lo cognitivo-conductual. Me han preguntado: ¿Cuál es tu clave al tratar a los presos?// Respondo: los trato como seres humanos que intrínsecamente no son malos. Lo que hago cuando un preso me rechaza es decirle que mi mano continuará abierta y lista para ser estrechada por él si luego así lo decide.

86- LA INTUICIÓN

El intuitivo que no es racional cae en la torpeza y "miopía". El racional que no es intuitivo cae en lo limitado de solo poder ver y tocar. La intuición procede de la sabiduría de nuestro Inconsciente o Campo, y surge espontánea o atrayéndola con métodos. Ante la duda o la confusión, opto más por la intuición que por la razón, dándome muy buenos resultados.

El método fenomenológico está fundamentado en la intuición sobre el mundo exterior, aunado al mundo interior, como un puente entre las riberas objetiva y subjetiva. Mientras que el método introspectivo es subjetivo y se basa en sensaciones, sentimientos, fantasías e imágenes.

William Duggan, en su libro "Intuición Estratégica", señala: "Este destello perspicaz es un elemento clave de los grandes logros de la historia de la humanidad. Así fundó Bill Gates Microsoft y Paul Allen Google, así Picasso encontró su estilo expresivo y así Napoleón conquistó Europa. Es la forma como los innovadores logran sus creaciones, como los artistas adquieren sus ideas creativas y como los científicos realizan sus descubrimientos".

87- COMUNICACIÓN NO VERBAL

Joe Navarro, experto ex agente del FBI, recomienda entrenarse en comprender la comunicación no verbal cuando se observan películas o cualquier programa en televisión sin volumen, esto para desarrollar la capacidad de observación. Uno de las grades «secretos» de psicólogos y terapeutas es su habilidad de observar lo no verbal.

88- DIAGNOSTICAR

Para fundamentar un diagnóstico lo puedes hacer con los criterios del DSM 5, con los resultados de tests psicológicos y tests proyectivos. También, se puede hacer desde la fenomenología de un enfoque conductual o un enfoque Gestalt.

Un diagnóstico es una hipótesis, una suposición desde el cuerpo de conocimientos de la Psicología. Importante señalar desde qué herramientas o criterios se hace el diagnóstico. Un diagnóstico es dinámico, variable, es una ‹fotografía› de lo que hay en ese momento, que se irá puliendo conforme se vayan conociendo más elementos o características para sustentar ese u otro.

REDACTAR REPORTES PSICOLÓGICOS

89- CADA PROFESIONAL PERFECCIONA UN ESTILO ÚNICO DE REDACCIÓN DE REPORTE PSICOLÓGICO

Con la práctica irá surgiendo y puliéndose un sello característico que, obviamente, podrá distinguirse de los demás por las palabras empleadas y por la dinámica del mismo. Por esto, no pueden ser exactamente iguales los reportes elaborados por dos profesionales sobre una misma persona, ya que intervienen diversas variables como son: a).- Elección de elementos de estructura del reporte, b).- Dominio de elementos gramaticales (sinónimos, antónimos, sintaxis, ortografía, etc.), c).- Cantidad y calidad de experiencias en la elaboración de reportes, indicada por tiempo, lugares de trabajo, asesoría calificada, etc., d).- Términos usados congruentes a alguna corriente psicológica o enfoque (plural, patológico, existencial u otro), e).- Es común que, al inicio, el principiante tienda a imitar la estructura y/o redacción de sus maestros y asesores, sin embargo, después va surgiendo y despuntando su propio estilo, viéndose esto también en otras áreas de la vida como en la música, el deporte, el trabajo y otras.

90- IMPORTANCIA DE LAS PALABRAS DE ENLACE EN UN REPORTE

Para entender los componentes de un reporte hay que desglosarlo, desmenuzarlo, recordando que analizar quiere decir descomponer en partes. Una de estas partes la constituyen las palabras de enlace, en dos sentidos, donde se darán ejemplos a continuación:

a).-Respecto al ritmo explicativo. Tener en cuenta las tres áreas básicas del cuerpo de un reporte o área del reporte, las cuales son inicio, mitad y final, para lo cual se tienen que adecuar los usos pertinentes de las siguientes palabras sugeridas: además; afectó a; antes; así que; así mismo; asimismo; aunque; aún; coincide; consecuentemente; contradice; determina; en conclusión; en consecuencia; en primer lugar; encuadra con; entonces; es obvio que; finalmente; influye en; induce que; lo anterior; objetivamente; obviamente; se percibe que; pero; por consiguiente; sin embargo; subjetivamente; también; ya que; sumado a; según; primeramente; posteriormente; por último; por lo tanto; por lo que; cabe destacar; cabe mencionar, es importante señalar que; etc.

b).-Respecto a lo dicho por el entrevistado-consultante. Cuando es información que el consultante nos proporciona como fuente primaria a través de la entrevista o de las respuestas a algún cuestionario, se sugiere el uso de las siguientes palabras para no abusar de una o de unas cuantas: agrega; admite; aduce; asegura; aclara;

acepta; aconseja; alega; advierte, adquiere; alude; analiza; aporta; asocia; añade; asume; califica; caracteriza; comenta; concluye; conoce; considera; cree; describe; destaca; desdice; desdeña, dice, domina; duda; elabora; enfatiza; enlaza; enuncia; escribe; evade; experimenta; expresa, focaliza; fomenta; fundamenta; habla; justifica; manifiesta; manipula; menciona; narra; observa; organiza; opina; percibe; piensa; pondera; prejuicia; prefiere; ratifica; razona; reconoce; refiere; reconoce; relaciona; resume; revela; rehúye; se basa; señala, siente; simula; sugiere; supone, valora; verbaliza; vive; etc.

91- IMPORTANCIA DEL LECTOR BLANCO

Se recomienda elaborar el reporte de acuerdo a las características de quien lo va a leer. Contextualizarlo y adaptarlo según el tipo de destinatario: el consultante, un colega, un juez, un paciente, un médico, un profesional ajeno a nuestra terminología, entre otros. Y ¿por qué no? Se pueden elaborar dos reportes, uno para el solicitante y el segundo para nuestro archivo. También, abocarse principalmente a redactar los elementos del motivo de la consulta o propósito principal en el ámbito institucional, empresarial o de consultorio particular, es decir, hipotéticamente existen muchísimos rubros psicológicos a considerar en un reporte ideal pero, ¿Cuáles de ellos le interesarán realmente al paciente o a la institución?

92- ELABORAR UNA ESTRUCTURA DE REPORTE PSICOLÓGICO

Determinar primero el área específica de trabajo (clínica, social, educativa, escolar, comunitaria, etc.) pudiendo haber mezclas de éstas. En segundo lugar, enlistar los elementos o factores como indispensables de saber, ya sea mediante la práctica propia o de algún experto o lo obtenido por consenso grupal (Consejo Técnico, asociación, directiva, junta, otros). Siendo cuestión de pulir y actualizar periódicamente dichos factores.

93- COMBINACIÓN DE PSICOLOGÍA Y ARTE

Usamos la Psicología para elegir la terminología del reporte psicológico, sin embargo, usamos el arte para darle el estilo y la frescura. Ambos están entrelazados y ponen en nuestras manos la posibilidad de la creatividad. Recetas hay varias pero, el sazón lo da el agregado extra y el plus que queramos. Me refiero al colorido, al tamaño, a la fuente y tipo de letras, a la paginación de las hojas, los cintillos superiores y/o inferiores, el uso de líneas, encabezados, viñetas y uso adecuado de signos gramaticales, que hoy en día tenemos al alcance preferentemente en los procesadores computarizados de palabras.

EN EL TRABAJO

94- ¿QUÉ SUCEDE CON LAS PRUEBAS, EVALUACIONES Y REPORTES QUE HACEN LOS PSICÓLOGOS EN SUS OFICINAS DE TRABAJO?

Como ya lo comenté en mi libro: *"Exámenes de Control y Confianza. Verdades y Mentiras"*, los psicólogos entregamos los resultados a nuestros jefes, quienes a su vez lo suben a instancias de más rango, como puede ser una Dirección, un Comité Técnico o un funcionario, éstos últimos son los que verdaderamente toman las decisiones, más allá de los resultados e interpretación que haya reportado el psicólogo.

95- CONSEGUIR TRABAJO

¿2001? Estaba yo desesperado buscando trabajo en varios lugares y recibía indiferencia, noes y hasta francos rechazos. Entonces se me ocurrió entrar a una dependencia del DIF estatal de Colima y llegué soberbio pidiendo hablar con alguien de Recursos Humanos. Le mostré mi currículum y le aseguré -con voz quebrada por contención del enojo- que tenía muchas habilidades y que yo merecía tener trabajo. Me escuchó y luego me dijo: "Ira (mira), esta no es la manera de pedir trabajo, tienes que pasar por todo un proceso, esto no es así de contratación rápida". Después, con los años entendí que para que nos acepten en un trabajo no hay casualidades, nos toca, es importante también la impresión que damos a los demás, las palancas con que contemos, etcétera. Y como ya dije en otro lugar: nunca sabemos cuál será o cuándo encontraremos el trabajo más importante, yo lo encontré cuatro años después de egresado.

96- HAY QUE MANTENERSE ACTIVOS TRABAJANDO, CON O SIN PAGA

Cuando me preguntan los egresados qué les puedo recomendar les digo que se mantengan activos trabajando, no importa si no reciben paga. Hay que estar activos de manera formal, informal, voluntaria o altruistamente. En Instituciones, empresas o comunidades. Hay que sembrar nuestro futuro laborando como voluntarios o de forma altruista, ¿cuántos de ustedes ya lo han hecho? Obvio que hacerlo donde puedas colaborar en tareas que puedas y que no te rebasen tu capacidad o preparación. Podemos apoyar de alguna manera a un vecino, amistad, familiar o en la calle. Podemos apoyar en situaciones de desastres naturales, en una emergencia o cuando veamos la ocasión. En mi caso, como estudiante apoyé a varios de mis compañeros de Generación en cuestiones emocionales y académicas; también ayudé a algunos familiares, desconocidos, amistades, fui voluntario y practicante en un Centro de Integración Juvenil (CIJ) contra las drogas. Como egresado, trabajé en lugares donde prometieron pagarme y no lo hicieron, mientras que en otros la paga fue muy baja.

97- NUNCA SABEMOS CUÁL SERÁ EL MEJOR TRABAJO NI CUÁNDO LLEGARÁ

Al momento de egresar yo no tenía trabajo, mientras que la gran mayoría de mis compañeros ya tenían trabajo asegurado. Yo anduve 3 años en varios trabajos hasta que me llegó la oportunidad de trabajar como sindicalizado en el Gobierno del estado de Colima, y ahí permanezco a la fecha. A veces un trabajo te llega a través de un colega de Generación, a veces por medio de un docente, o donde realizaste tu Servicio Social o Práctica Profesional se fijan en ti y te contratan. No esperes encontrar algo bueno en el periódico o en la hamaca.

98- CADA LUGAR DE TRABAJO NOS TATÚA UN ESTILO DE PENSAR, SENTIR Y PRACTICAR LA PSICOLOGÍA

En mi caso, que he laborado como docente, orientador vocacional, además de investigador en la Secretaría de Gobernación Federal y como Psicólogo en el CERESO de Manzanillo me ha hecho más observador de detalles en las entrevistas y terapias, aparte de adquirir gran experiencia en la redacción de informes y en el abordaje de pacientes difíciles.

99- RELACIÓN CON LAS AUTORIDADES

En cualquier lugar que estemos como empleados o subordinados, tendremos que adaptarnos a las condiciones de ese trabajo en particular, a veces tolerando a jefes insanos que nos hacen la vida de cuadros.

Los jefes y autoridades toman decisiones y ordenan, nosotros acatamos hasta donde nos permita nuestra ética y tolerancia.

Yo como psicólogo no soy de los que perjudica por prejuicios a una persona al evaluarla, y no permito que una autoridad me obligue a hacerlo. Yo emito mi opinión y mis resultados, más allá de que no sean tomados en cuenta por mis superiores, que al final de cuentas son los que tienen lla última palabra.

He conocido casos en donde lamentablemente los psicólogos o psicólogas ceden a la presión de una autoridad, por miedo a perder su trabajo o simplemente porque se corrompen. Aunque me consta que también hay psicólog@s que defienden nuestra profesión a cabalidad.

Recuerdo que en una película, un enfermero (sobre presiones que estaba recibiendo) afirmaba: «él será muy el Director, pero en la enfermería mando yo».

100- TRABAJO INTERDISCIPLINARIO

Inter-disciplinario: Entre disciplinas.

Desde que empecé a realizar prácticas en la carrera de Psicología tuve que trabajar de manera interdisciplinaria, principalmente con compañer@s de Trabajo Social, Medicina, Enfermería. Después, en mis trabajos como egresado, además de los ya mencionados, he hecho equipo con Psiquiatras, Administrador@s, Orientador@s Vocacionales, Pedagog@s, Criminólog@s, Docentes, Directivos, entre otros. Y esto es tan común y necesario que el psicólogo estudiante o que va egresando lo tiene que entender y adaptarse, para compartir información y análisis sobre casos, tanto ellos como nosotros nos nutrimos y aprendemos de conocimiento.

PARA QUÉ ESTE LIBRO

Cuando me he imaginado lo que le estaré diciendo a un estudiante de Psicología o a un Psicólogo con poca experiencia me han surgido no perlas, sino semillas. Semillas que tienen un potencial a ser desarrollado por quien se tome la paciencia de leerlas, pensarlas, sentirlas, sembrarlas, y cosechar las experiencias que surjan.

Este libro es para transmitir mis experiencias, que al mismo tiempo son sugerencias para los psicólogos noveles.

Y no me agradezcas a mí, agradécete a ti el aprovechar estas semillas, que no te serán útiles mientras no las hagas germinar y luego las coseches. Porque este es un libro para poner en práctica cada semilla.

ACERCA DEL AUTOR

Juan Carlos Martínez Bernal (Colima, México, 13-03-1973). Psicólogo (Licenciatura de 5 años en Universidad de Colima), Terapeuta Gestalt (Maestría en Instituto de Terapia Guestalt Región Occidente INTEGRO Colima 2, 2005-2008, con estudios inconclusos), Diplomado en Constelaciones Familiares (Universidad de Colima-Centro de Soluciones Sistémicas Vinculum Cor S.C. 2007-2008). Además de asistir a conferencias y cursos, junto con el estudio de videos y libros en el aprendizaje autodidacta de elementos de diversas técnicas y enfoques, como Gestalt, EMDR, EFT, Terapias de Energía, PNL, Violencia de Género, Farmacodependencia, y otros más.

La experiencia laboral ha sido desarrollada principalmente en el Centro de Investigación y Seguridad Nacional (CISEN, Secretaría de Gobernación de México); y en el Centro de Reinserción Social (CERESO) de Manzanillo, Colima, México. También, como practicante/voluntario en Centros de Integración Juvenil (CIJ) contra la farmacodependencia; Orientación Vocacional en Universidad de Colima; Docencia en una universidad privada y en 3 Colegios privados.

Activo participante en algunas redes sociales: Twitter (_BERNAL27). Facebook (Juan Carlos Martínez Bernal). Youtube (BERNAL27). Hotmail (BERNAL27000).

Escritor de multitud de artículos divulgativos sobre temas psicológicos y terapéuticos, en webs como www.Mundogestalt.com (2003-2009), y más de 110 posts en Blogger, de 2010 a la fecha (https://Bernal27.blogspot.com).

Autor de otros 9 libros independientes publicados en Amazon:

"1000 TUITS DE BERNAL27", (julio 2019)

"EXÁMENES DE CONTROL Y CONFIANZA. VERDADES Y MENTI-RAS", (julio 2019)

"65 POEMAS ERÓTICOS, AMOROSOS Y DE RUPTURAS", (julio 2019)

"SIN CUENTA EXPERIENCIAS TERAPÉUTICAS", (agosto de 2019)

"TÉCNICAS ENERGÉTICAS Y DE INTEGRACIÓN CEREBRAL", (agosto de 2019)

«OTRAS 50 EXPERIENCIAS TERAPÉUTICAS», (septiembre 2019)

"100 INVESTIGACIONES DE EMDR, EFT, CF, PNL Y MÁS", (noviembre 2019)

«MÁS DE 100 ANÉCDOTAS DE BERNAL27», (noviembre 2019)

«POEMAS INSPIRADOS Y ESPIRADOS», (diciembre 2019)

Fuente: https://bernal27.blogspot.com/search?q=mis+obras

www.ingramcontent.com/pod-product-compliance
Lightning Source LLC
Chambersburg PA
CBHW031126250726
48655CB00002B/543